Alphanumeric

FF Mark

FF Unit Rounded

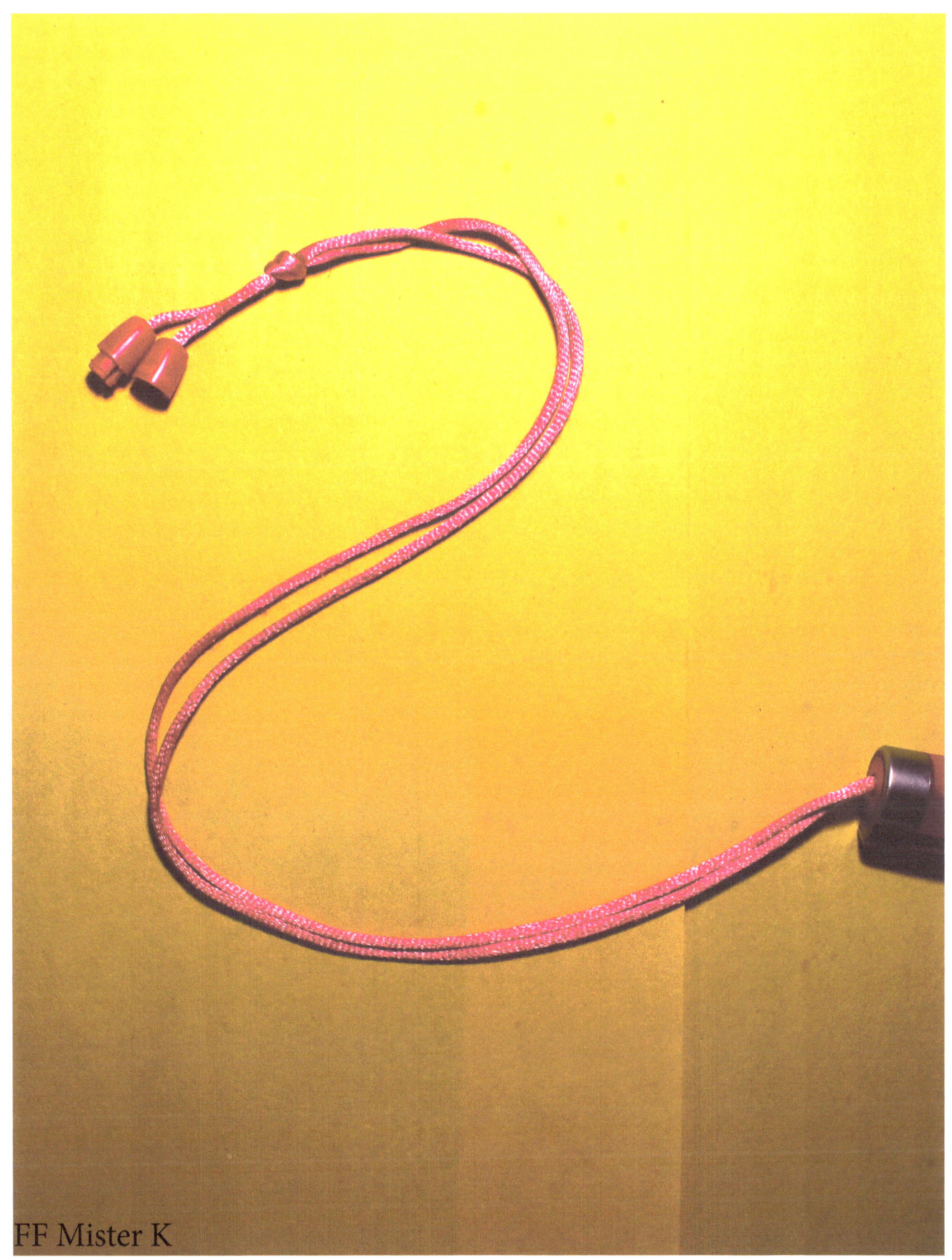

FF Mister K

FF Good

FF Milo

FF Good Headline

FF Dax

FF Good

FF DIN

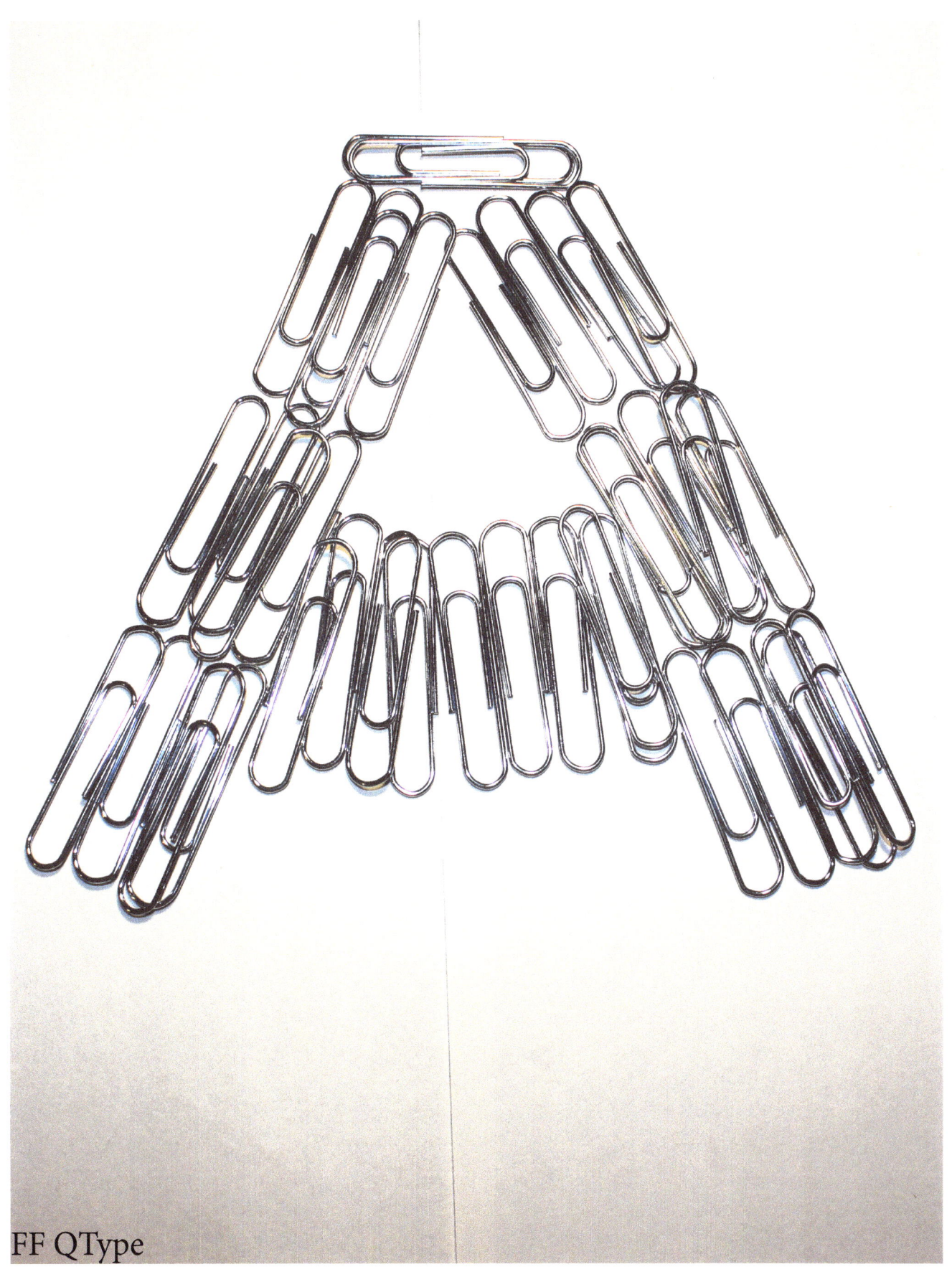

FF QType

FF Signa

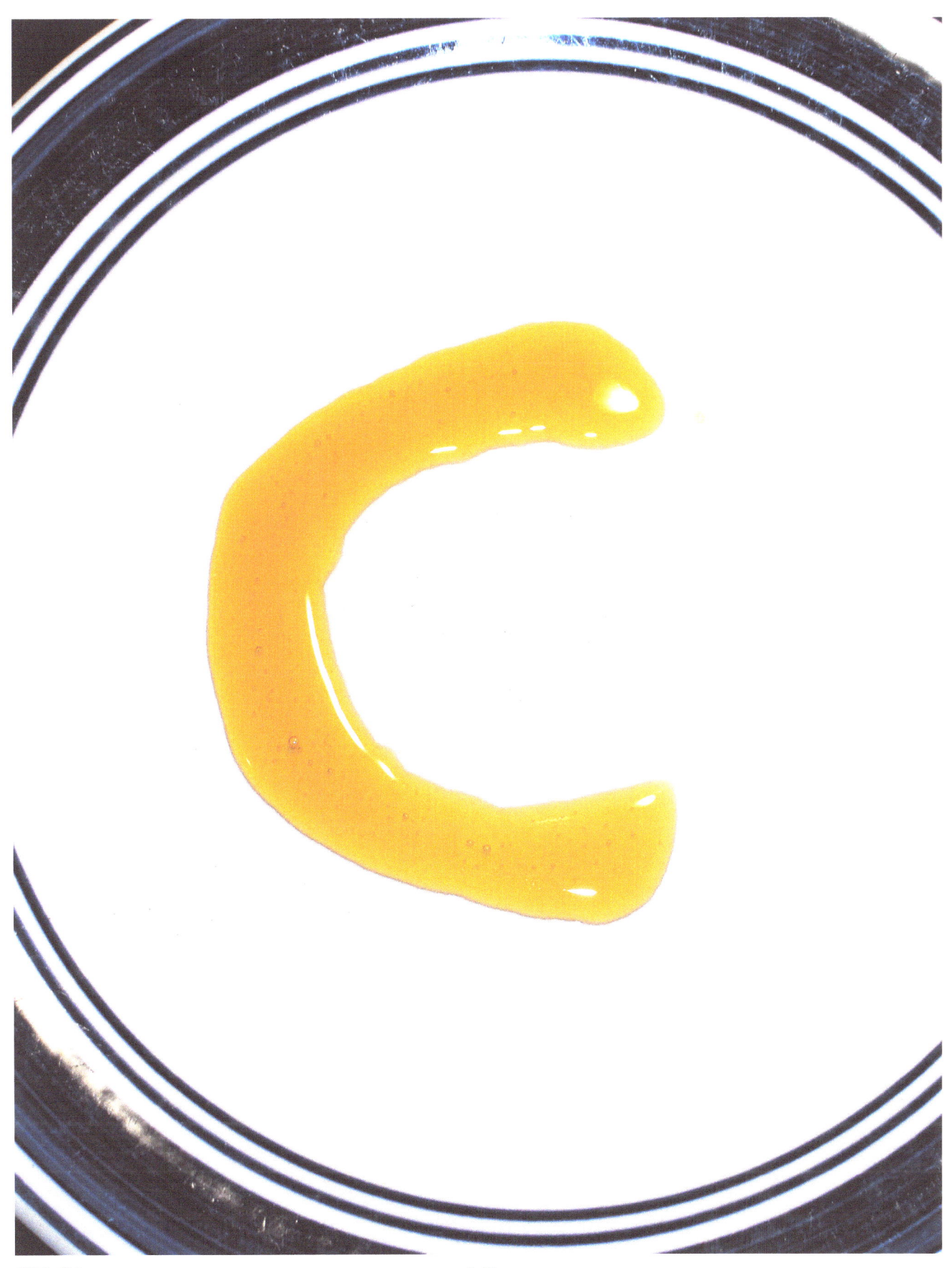

FF Fago

FF Mark

FF Cocon

FF Milo

FF Good Headline

FF Bauer Grotesk

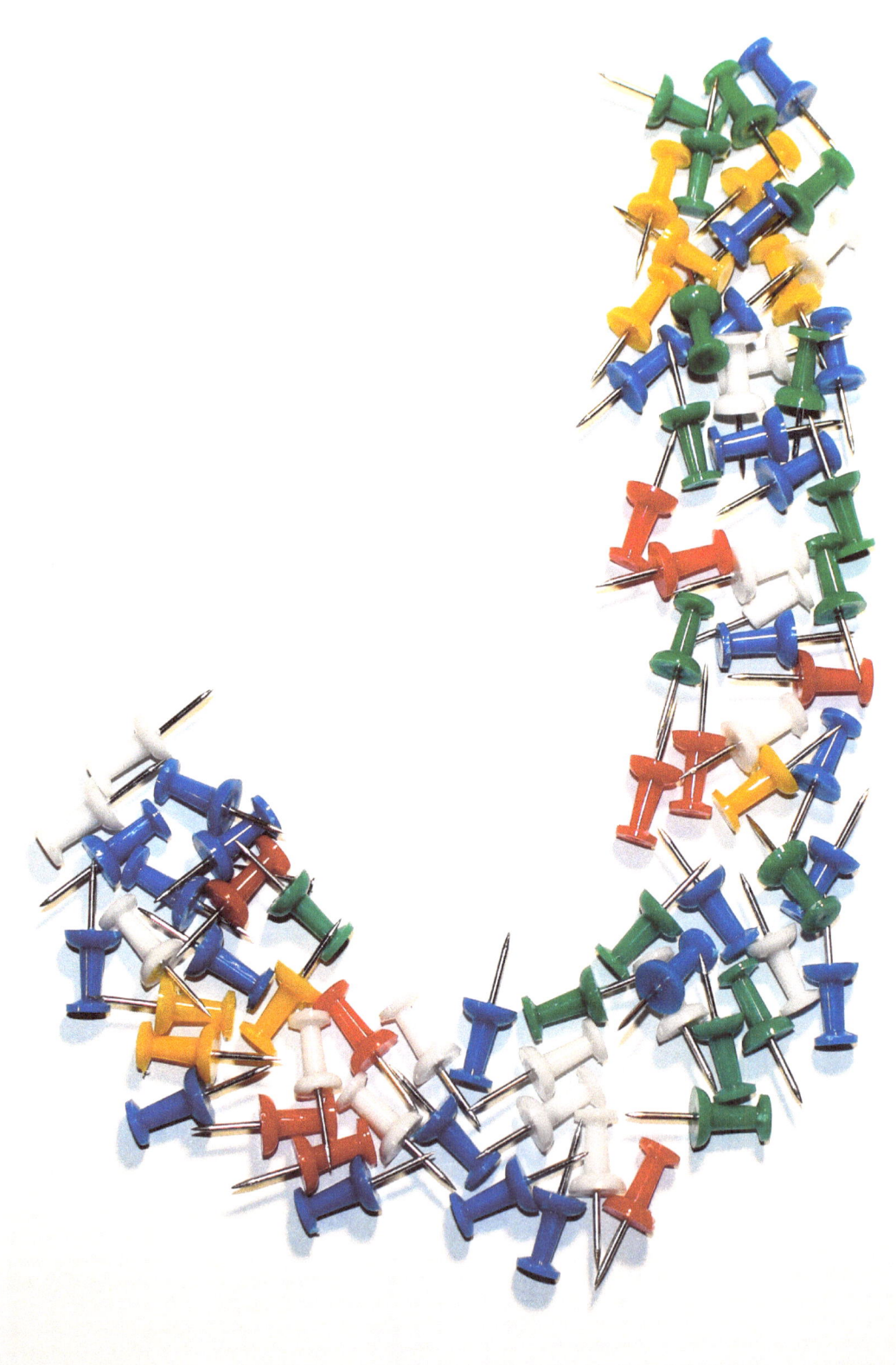

FF Mark

FF Strada

FF Sero

FF Signa

FF Signa

FF Meta

FF Quadraat Sans

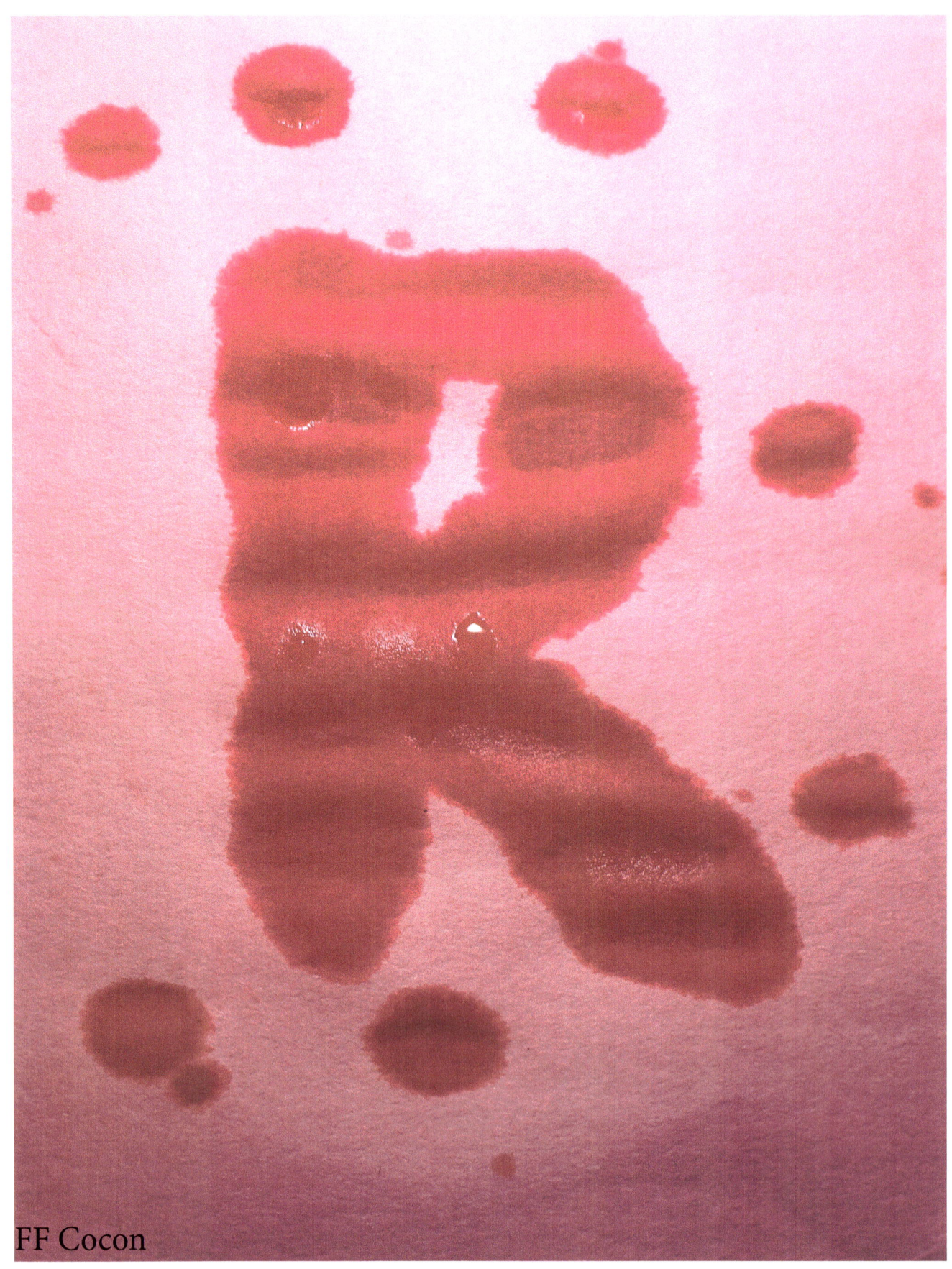

FF Cocon

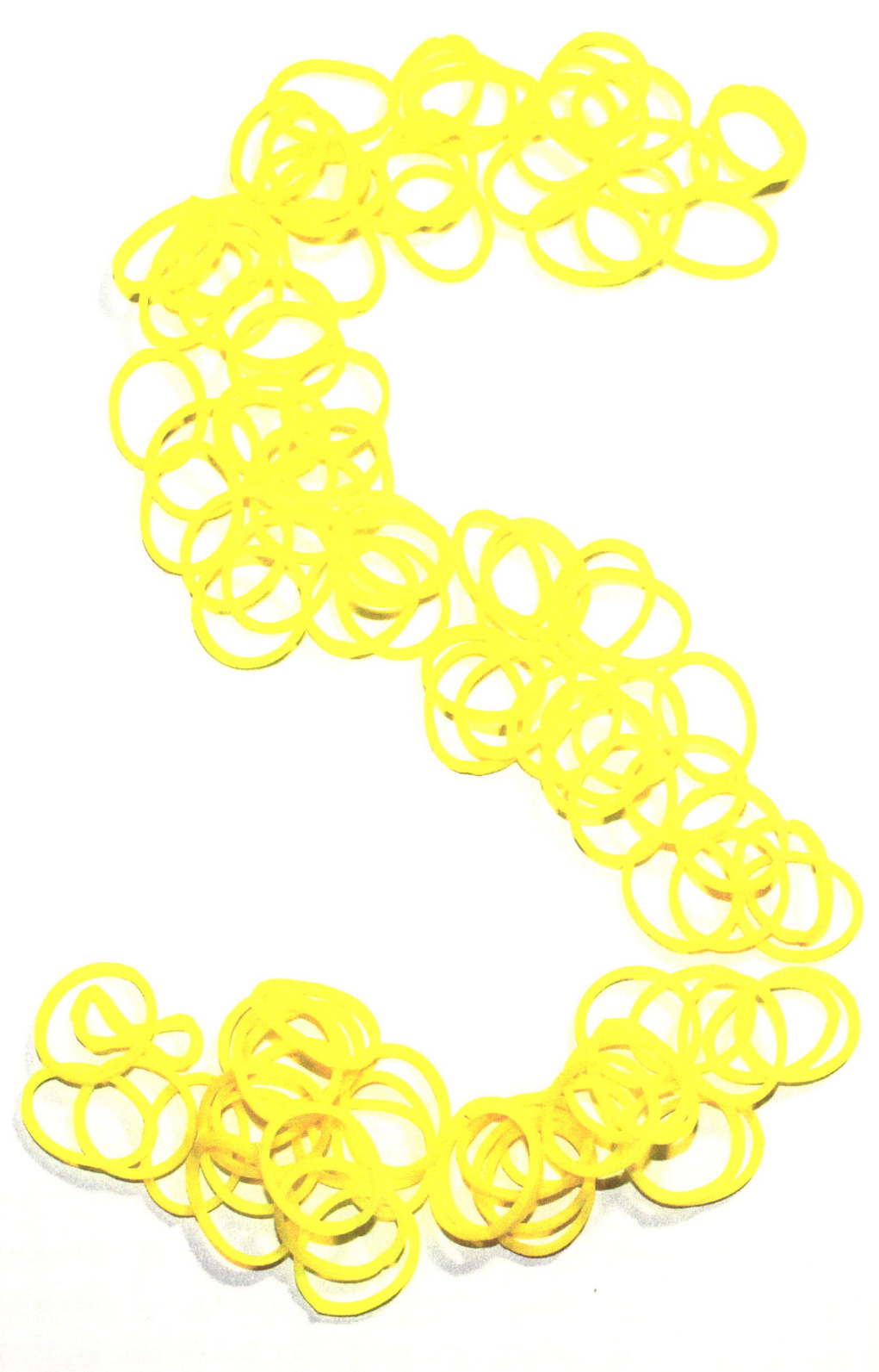

FF Clan

FF Clan

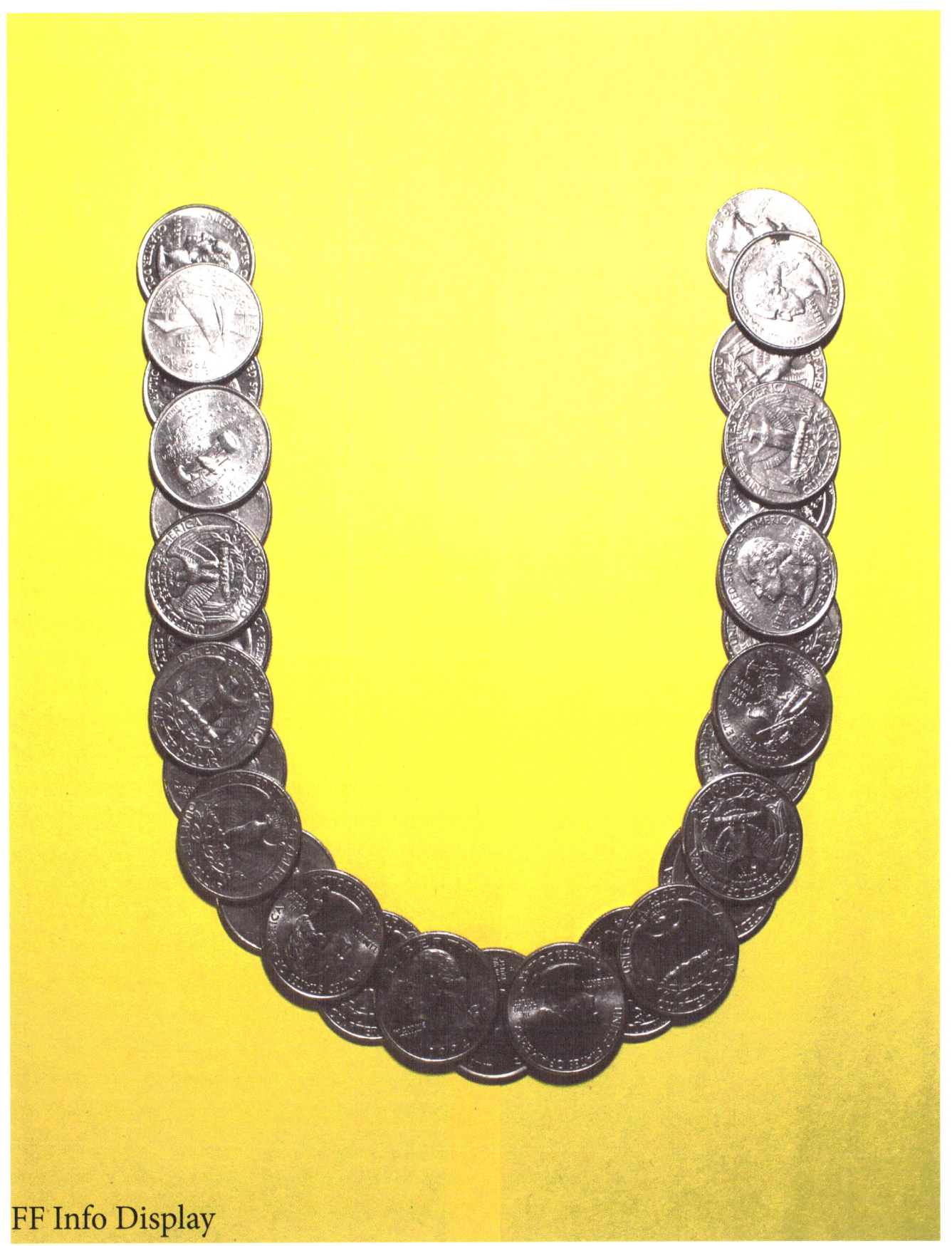

FF Info Display

FF Meta

FF Letter Gothic

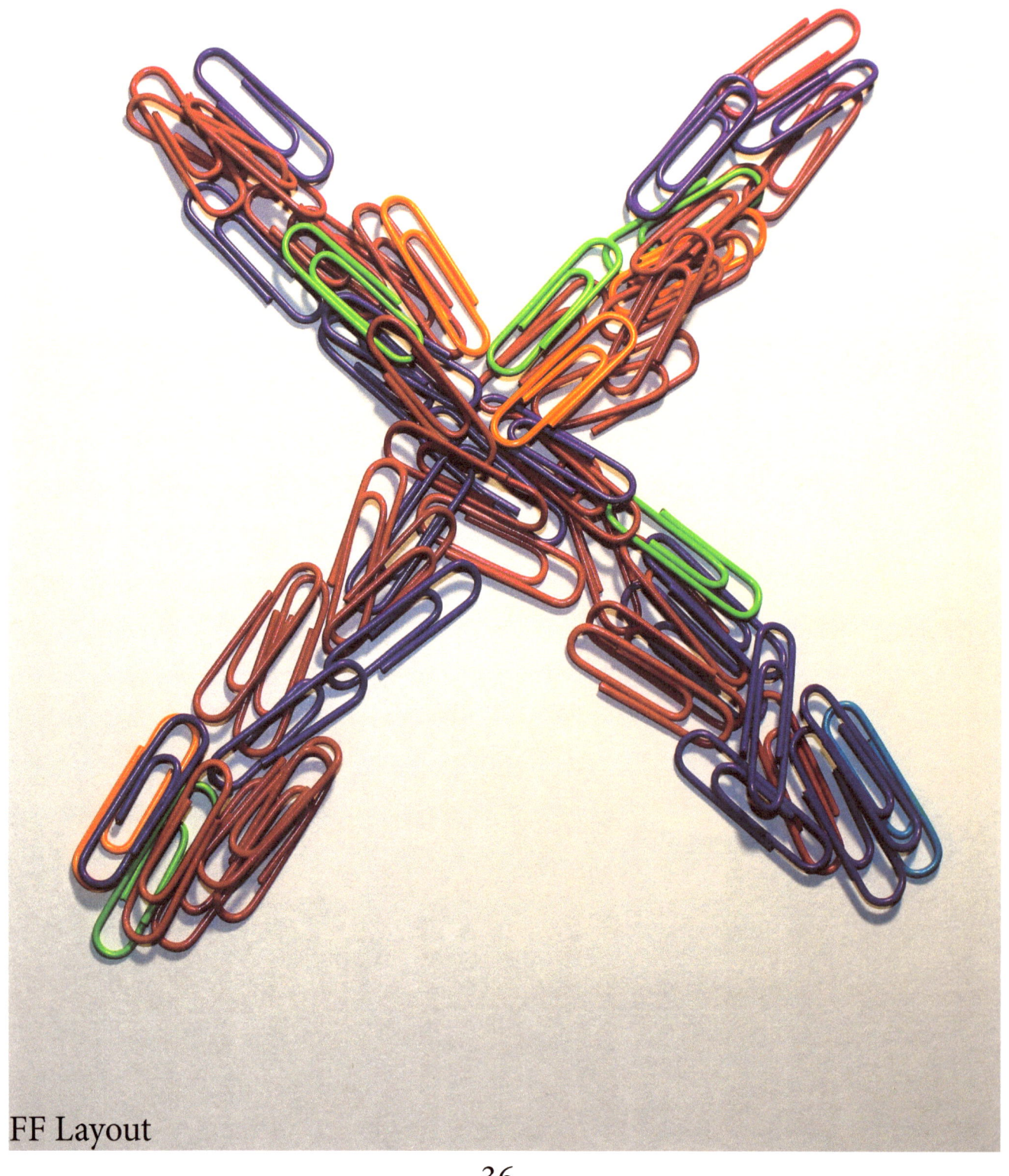

FF Layout

FF Max

www.ingramcontent.com/pod-product-compliance
Lightning Source LLC
Chambersburg PA
CBHW060838290526
45792CB00006BB/1969